8.5 x 12

8.5 x 11

8 x 10

6 x 8

5 x 7

8.5 x 12

8.5 x 11

8 x 10

6 x 8

5 x 7

Illustration: Kate Chesterton

Illustration: Kate Chesterton

Illustration: Kate Chesterton

Illustration: Kate Chesterton

8.5 x 12

8.5 x 11

8 x 10

6 x 8

5 x 7

8.5 x 12

8.5 x 11

8 x 10

6 x 8

5 x 7

8.5 x 12

8.5 x 11

8 x 10

6 x 8

5 x 7

8.5 x 12

8.5 x 11

8 x 10

LET'S
DO
THIS

8.5 x 12

8.5 x 11

8 x 10

6 x 8

5 x 7

8.5 x 12

8.5 x 11

8 x 10

6 x 8

5 x 7

8.5 x 12

8.5 x 11

8 x 10

6 x 8

5 x 7

DO
SMALL
THINGS
WITH
GREAT
LOVE

8.5 x 12

8.5 x 11

8 x 10

8.5 x 11

8.5 x 12

8.5 x 12

8.5 x 11

8 x 10

6 x 8

5 x 7

8.5 x 12

8.5 x 11

8 x 10

6 x 8

5 x 7

8.5 x 12

8.5 x 11

8 x 10

6 x 8

5 x 7

8.5 x 12

8.5 x 11

8 x 10

6 x 8

Illustration: Kate Chesterton

8.5 x 12

8.5 x 11

8 x 10

6 x 8

5 x 7

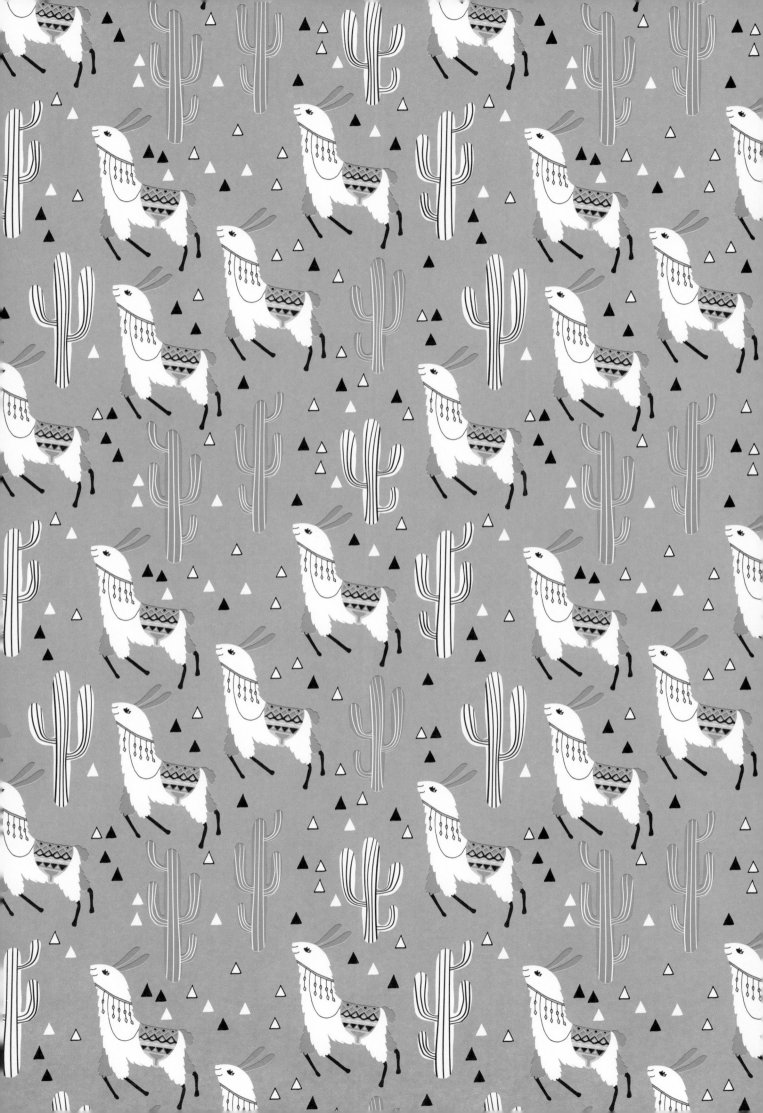

8.5 x 12

8.5 x 11

8 x 10

6 x 8

5 x 7

ENJOY
the little
THINGS

8.5 x 12

8.5 x 11

8 x 10

6 x 8

5 x 7

8.5 x 12

8.5 x 11

8 x 10

6 x 8

5 x 7

8.5 x 12

8.5 x 11

8 x 10

6 x 8

5 x 7

YES
WE
CAN

8.5 x 12

8.5 x 11

8 x 10

6 x 8

5 x 7